1合からすぐに作れる

軽やかなおすし

榎本美沙
しらいのりこ
藤井恵

家の光協会

はじめに

みなさんは、おすしをどんなときに作りますか？
お祝いの日？　友人が集まる日？　家族が勢ぞろいする日？
なんとなく、たくさん作って大勢で囲むイメージがありませんか。
もちろん、華やかなおすしはお祝いにはぴったり。
でも、そうするとおすしの出番がとても少なくなってしまいます。

そこで、特別な日でなく、なんでもない日にも
気軽に作れるおすしをご紹介します。
おすしをスペシャルな料理にしているのは、
「せっかくだから、たくさん作らなきゃ」と
思ってしまうのが理由のひとつ。
ですので、作るのはごはん1合分から。
これは2～3人で食べきれる分量です。

少量のごはんだから、すし酢を混ぜ合わせるのもあっという間。
すぐになじみ、ベチャッとしにくいのもいいところです。

もちろん、すし桶は要らないし、
うちわで混ぜながらひたすらあおぐ（1人だと大変！）なんてこともなし。
酢飯が簡単に作れたら、気持ちに余裕ができて、
その先の作業も楽しくなります。

本書では、3人の料理研究家の方々に、
ふだんよく作っているおすしをご提案いただきました。
すると、思いもかけなかったアイディアが次々に出てきました。
砂糖を使わない酢飯、混ぜないすし酢、炊飯器で作る酢飯……。
酢飯の作り方から3人3様です。

まずは、気になる方の酢飯を作ってみましょう。
おすしのメニューは他の方から選んでもOKです。
巻いたり、包んだり、盛り付けたり。
完成を想像しながら、楽しんで作ってもらえたらうれしいです。

気軽なランチにも、お酒のおつまみにもなる。
市販のおそうざいや常備食材なども使ってパパッと作れる。
さっぱりしているので、夏の暑い日にも食べたくなります。
ぜひ、なんでもない日におすしを作ってみましょう。

CONTENTS

［本書の決まり］
＊大さじ1は15mℓ、小さじ1は5mℓ、1合は180mℓ、1カップは200mℓです。
＊皮をむく、ヘタを取るなどの基本的な下ごしらえの記載は省略しています。
＊レシピに記載のない火加減は中火です。
＊レシピに記載してある加熱時間は目安です。お使いの調理器具や環境によって変わりますので、様子をみて調整してください。
＊酒は日本酒、みりんは本みりんを使っています。油はお手持ちの植物油を使ってください。

1 榎本美沙さんのおすし

（6ページ）

ふだんの日に食べるから
とにかく作りやすく。
飾らず、シンプルに

2 しらいのりこさんのおすし（36ページ）

王道でありながら
抜くところは抜く。
華やかさは忘れずに

3 藤井恵さんのおすし（66ページ）

お店のようなおすしも
炊き込み酢飯なら
気軽に作れます

1

榎本美沙さんのおすし

misa enomoto

おすしはハレの日だけでなく、ケの日（日常）にも作ってほしい。私は、混ぜずしやちらしずしなど、気軽なおすしをよく作ります。ちらしずしといっても、野菜をそれぞれ別に煮て、錦糸卵を作って……という手の込んだものではなく、刺身や薬味をのっけたり、漬物や野菜を混ぜ込んだりするくらい。ふだんのおすしってそのくらいでいいと思うのです。野菜や薬味を入れると、さっぱりして食欲のない日でもたくさん食べられるのもいいところ。

私はいろいろな発酵調味料を作っていますが、発酵させるとうまみや甘みが増して、調味料が少なくてもおいしくなるのです。以前から、すし酢に砂糖が意外とたくさん入っていることが気になっていて、もしかしたら、発酵を生かせばすし酢も砂糖なしで作れるんじゃないか、とあるとき思いつきました。そこで生まれたのが、今回ご紹介する「発酵甘酢」の酢飯です。砂糖は一切入っていないのでさっぱりしていて、うまみは十分。ごはんにさっと混ぜるだけででき上がります。

私のパートでは、茶碗に盛り付けるカジュアルな「茶碗ずし」や、たんぱく質が入ってひと皿で満足の「おかず混ぜずし」など、ふだんの日に作ってもらいたいおすしをご紹介します。

ふだんの日に食べるから
とにかく作りやすく。
飾らず、シンプルに

私の好きな

砂糖を使わない発酵甘酢の酢飯

米麹と米酢を一晩発酵させるだけでできる「発酵甘酢」。
それに塩を混ぜたすし酢で酢飯を作ります。
発酵のうまみと甘みがあるので、
砂糖は入れなくても、ほんのり甘みを感じる
スッキリとした酢飯になります。
とろみのある液体なので、ごはんに混ぜても
シャバシャバにならず、うちわであおぐ必要もありません。

● 発酵甘酢の作り方

材料（作りやすい分量）
米麹（生／常温に戻す）… 100g
米酢 … 300mℓ

1 耐熱のジッパー付き保存袋に米麹と米酢を入れる。
2 口を閉じ、手でなじませる。
3 炊飯器の内釜にふきんを敷き、**2**をのせ、保温ボタンを押して蓋を開けたまま8〜10時間おく。
4 とろっとして、甘みとうまみが出てきたらでき上がり。清潔な瓶に移して保存する。冷蔵で2か月ほど保存可能。

◎乾燥麹を使う場合は、**1**で水大さじ4を追加する。
◎余った発酵甘酢は野菜（必要に応じて塩もみをする）と合わせて甘酢和えにするとおいしい。

● 発酵甘酢の酢飯の作り方

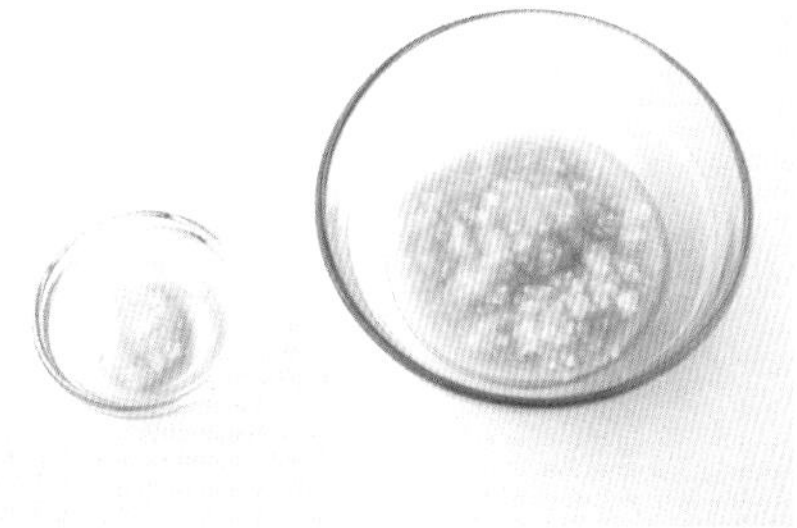

材料（1合分）
米 … 1合
発酵甘酢 … 大さじ4
塩 … 小さじ1/2
白炒りごま … 大さじ1

1 発酵甘酢に塩を加えて混ぜ、すし酢にする。
2 通常の水分量で炊いたごはんをボウルに移し、**1**を加える。
3 ごまを加え、スプーンなどで混ぜる。水分量が少ないのでうちわであおぐ必要はなし。
4 まんべんなく混ざったらでき上がり。早めに食べるのがおすすめ。

1

2

3

4

≪麹と酢について≫

麹は秋田県横手市にある羽場こうじ店のものをよく使っていて、購入したら冷凍保存しています。麹によって甘みの出具合が変わるので、いろいろ試してみてください。酢は内堀醸造の「美濃 特選本造り米酢」など、くせがなくさっぱりしたタイプが発酵甘酢に合います。

茶碗ずし

茶碗で食べるふだん使いのおすしを
茶碗ずしと呼んでいます。
茶碗に酢飯をよそって、
そのときどきの具をのせるだけ。
のっけごはんのような気軽さです。

茶碗ばらちらし
作り方：12ページ

たっぷりしらすと
薬味の茶碗ずし

作り方：12ページ

茶碗ばらちらし

刺身ミックスや卵焼きを買ってきたら、すぐに完成。
おいしく見せるポイントは、
角切りにしてランダムに並べること。
カラフルなビジュアルに気分が上がります。

材料（2人分）
酢飯 … 1合分
好みの刺身ミックス（サーモン、
　鯛、まぐろなど）… 100g
卵焼き（市販）… 40g
きゅうり … 1/4本
とびっこ … 大さじ2
しょうゆ、わさび … 各適量

1 きゅうりは1cm角に、卵焼きは1〜1.5cm角に切る。刺身は1.5〜2cm角に切る。
2 茶碗に酢飯を盛り、**1**をランダムに並べ、とびっこを散らす。しょうゆ、わさびをつけながら食べる。

たっぷりしらすと薬味の茶碗ずし

さわやかな香りの青じそとみょうがをたっぷりと。
しらすも好きなだけのせましょう。
夏場の食欲のないときでも、おいしく食べられます。

材料（2人分）
酢飯 … 1合分
しらす干し … 40g
青じそ … 8枚
みょうが … 2個
しょうゆ … 適量

1 青じそはせん切りにする。みょうがは縦半分に切ってから縦に薄切りにして、氷水にさらし、水気をきる。
2 茶碗に酢飯を盛り、**1**、しらす干しをのせる。しょうゆをかけて食べる。

なめろう茶碗ずし

ねぎや青じそ、しょうが、ごまの
香りや食感が楽しく、箸がすすみます。
みそでしっかり味をつけ、すだちで清涼感をプラス。

材料（2人分）
酢飯 … 1合分
あじ（刺身用）… 150g
長ねぎ … 5cm
しょうが … 1片
青じそ … 5枚
みそ … 小さじ2
すだち、白炒りごま … 各適量

1 長ねぎ、しょうが、青じそ3枚はみじん切りにする。
2 あじは粗く刻み、**1**、みそと合わせて包丁でたたきながら混ぜる。
3 茶碗に酢飯を盛り、青じそを1枚ずつのせて**2**を盛る。半分に切ったすだちをのせ、ごまを散らす。

かくやごはん風漬物茶碗ずし

いかオクラ茶碗ずし

かくやごはん風漬物茶碗ずし

酸っぱくなった古漬けを刻んだのが「かくや」。
それを酢飯に混ぜ込んで、ささっと一品。
古漬けに限らず、好みの漬物で作ってみてください。

材料（2人分）
酢飯 … 1合分
好みの漬物（たくあん、しば漬け、
野沢菜漬けなど）… 60g

1. 漬物は刻む。
2. 酢飯に**1**を混ぜ込み、茶碗に盛る。

いかオクラ茶碗ずし

いかをのりの佃煮で和えたものを
オクラと盛り合わせました。
のりの佃煮がいい仕事をしてくれます。

材料（2人分）
酢飯 … 1合分
いか（刺身用）… 90g
オクラ … 2本
のりの佃煮（市販）… 大さじ3

1. オクラはさっとゆで、冷めたら小口切りにする。いかは細切りにして、のりの佃煮で和える。
2. 茶碗に酢飯を盛り、**1**をのせる。

1人分の茶碗ずしを作るなら……

基本は1合で2人分を作るレシピですが、1人分を作りたいときは、ごはんにすし酢をかけてお箸で混ぜても。洗い物も減り、より気軽に作れます。

おかず混ぜずし

ひと皿で、野菜とたんぱく質を
バランスよくとれるおかず混ぜずし。
具を混ぜることでボリュームが出るので、
2〜3人で食べきるのに
ちょうどいい分量です。

鮭とかぶの混ぜずし

作り方：18ページ

あじと大根の梅ずし

作り方：18ページ

鮭とかぶの混ぜずし

ごはんと相性のよい塩鮭と、
香りのいいかぶを組み合わせました。
かぶは葉も使って彩りよく仕上げます。

材料（2〜3人分）
酢飯 … 1合分
塩鮭 … 1切れ
かぶ（小／葉付き）… 1個
塩 … ひとつまみ
白炒りごま … 適量

1 塩鮭は魚焼きグリルで焼いて骨を取り除き、身をほぐす。
2 かぶは皮ごと7mm角に切り、かぶの葉は7mm幅に切り、塩をふって10分おいて水気を絞る。
3 酢飯に**1**、**2**を混ぜる。器に盛り、ごまをふる。

あじと大根の梅ずし

あじの干物の混ぜずしには、角切りにした生の大根が入ります。
コリッとした食感をアクセントに、
梅干しの酸味が味を引き締めます。

材料（2〜3人分）
酢飯 … 1合分
あじの開き … 2枚
大根 … 5cm（150g）
塩 … ひとつまみ
梅干し … 2個
青じそ … 2枚

1 あじの開きは魚焼きグリルで焼いて骨を取り除き、身をほぐす。
2 大根は皮をむいて1cm角に切り、塩をふって10分おいて水気を絞る。
3 酢飯に**1**、**2**、ちぎった梅干しを混ぜる。器に盛り、ちぎった青じそを散らす。

さば缶きゅうりずし

常備してある缶詰と定番野菜で
あっという間にできるうれしい一品。
スライサーがあれば、包丁&まな板いらず。

材料（2～3人分）
酢飯 … 1合分
さば缶（水煮）… 1缶（190g）
きゅうり … 1本
塩 … ひとつまみ
焼きのり … 1/4枚

1 きゅうりは薄い輪切りにし、塩をもみ込んで5分おいて水気を絞る。さばは缶汁をきって軽くほぐす。
2 酢飯に**1**を混ぜる。器に盛り、ちぎったのりをのせる。

チャーシュー長いもずし

火を使わずに、切って混ぜるだけ。
チャーシューと長いもは角切りにして、
歯ごたえを楽しみましょう。

材料（2〜3人分）
酢飯 … 1合分
チャーシュー（市販）… 100g
長いも … 100g
青のり … 適量

1 チャーシューは1cm角に切る。長いもは皮をむいて1cm角に切る。
2 酢飯に**1**を混ぜる。器に盛り、青のりを散らす。

牛肉しぐれとみょうがずし

少ない調味料でさっと炒め煮にした
牛肉のしぐれ煮は、黒酢が隠し味。
みょうがが入るとぐっと大人っぽく。

材料（2〜3人分）
酢飯 … 1合分
牛切り落とし肉 … 200g
みょうが … 2個
油 … 小さじ2
A ｜しょうゆ … 大さじ2
　｜砂糖、酒、黒酢 … 各大さじ1
三つ葉（ざく切り）… 適量

1 みょうがは小口切りにする。
2 フライパンに油を熱し、牛肉を炒める。火が通ったら A を加え、汁気がなくなるまで炒め煮にする。取り出して粗熱を取る。
3 酢飯に **1**、**2** を混ぜる。器に盛り、三つ葉をのせる。

手軽なちらしずし

買ってきた食材を切ってのせるだけで、
おもてなしにも向く
華やかなちらしずしが完成します。
色のきれいな食材を選ぶのがポイント。
洋風食材なども意外とよく合います。

鯛とたこのちらしずし

作り方：24ページ

生ハムの洋風ちらしずし

作り方：24ページ

鯛とたこのちらしずし

鯛とたこと、みょうが。
3つのピンク色の食材が美しいグラデーションを作ります。
散らしたゆずの黄色でお花畑のよう。

材料（2〜3人分）
酢飯 … 1合分
鯛（刺身用さく）… 70g
ゆでたこ … 70g
みょうが … 2個
ゆずの皮（せん切り）… 適量
しょうゆ … 適量

1 鯛は薄切りにする。たこはそぎ切りにする。みょうがは小口切りにする。
2 器に酢飯を盛り、**1**をのせ、ゆずの皮を散らす。刺身にしょうゆをつけながら食べる。

生ハムの洋風ちらしずし

ワインにも合う洋風ちらし。
酸味がある酢飯に生ハムやチーズは相性よし。
フリルレタスの代わりにスプラウトやルッコラでも。

材料（2〜3人分）
酢飯 … 1合分
生ハム … 30g
パルミジャーノ・レッジャーノ … 適量
フリルレタス … 適量

器にフリルレタス、酢飯を盛り、生ハムをちぎりながらのせ、パルミジャーノ・レッジャーノを削ってのせる。

ちらしずしといっても、のせる具によってはおつまみにもなります。
生ハムの洋風ちらしずしのほか、サーモンとセロリの手まりずし（p.34）もおもてなしのシーンにおすすめ。
ワインは赤よりもスッキリした白がよく合います。

てこね ちらしずし

漬けにしたかつおなどの赤身の刺身を、酢飯に混ぜた漁師料理。
水菜や青じそなどの野菜と合わせてちらしずしにしました。
軽く混ぜながら食べてください。

材料（2〜3人分）
酢飯 … 1合分
かつお（刺身用さく）… 150g
A | しょうゆ … 大さじ1と1/2
　| みりん … 小さじ4
　| しょうが（すりおろす）… 大さじ1/2
水菜 … 30g
青じそ … 4枚

1 かつおは5mm厚さに切り、Aを絡めて10分おく（**a**）。みりんのアルコールが気になる場合は、耐熱皿に入れてラップをかけずに電子レンジ（600W）で1分ほど加熱して煮切り、冷めてから使う。
2 水菜は3cm長さに切る。青じそはせん切りにする。
3 器に酢飯を盛り、水菜、かつおの漬け、青じそをのせる。

a

納豆手巻きずし

のり巻きを食べたいときは、手巻きをよく作ります。
1合で8本できるので、2人なら2種類作っても。
納豆は2本で1パックとたっぷり。

材料（8本分）
酢飯 … 1合分
ひきわり納豆 … 4パック
たくあん … 60g
青じそ … 8枚
焼きのり（二つ切り）… 8枚
しょうゆ … 適量

1 たくあんは細切りにする。
2 のりを横長に置き、左半分に酢飯1/8量を広げ、青じそ1枚、たくあん1/8量、納豆1/2パックをのせて（**a**）左下から巻く。しょうゆをつけながら食べる。

a

たたきサーモンと
アボカドの手巻きずし

たたいたサーモンが口の中で
アボカドと一緒にとろけます。
具は斜めにのせて、くるくると巻くだけ。

材料（8本分）
酢飯 … 1合分
サーモン（刺身用）… 200g
アボカド … 1/2個
玉ねぎ（みじん切り）… 大さじ4
しょうゆ … 小さじ2
焼きのり（二つ切り）… 8枚

1 アボカドは縦薄切りにする。サーモンは包丁で粗めにたたいてボウルに入れ、しょうゆ、玉ねぎを加えて混ぜる。
2 のりを横長に置き、左半分に酢飯1/8量を広げ、アボカド、サーモンを1/8量ずつのせて（a）左下から巻く。しょうゆ（分量外）をつけながら食べる。

a

焼きさば棒ずし

しめさばの棒ずしとは別物のおいしさ。
脂ののった肉厚の焼きさばは
さっぱりした酢飯と相性抜群です。
骨抜きのさばを使うと、手間がかかりません。

材料（2本分）
酢飯 … 1合分
塩さば（二枚おろし / 骨抜きのもの）
　… 2枚
ガリ（新生姜の甘酢漬け）… 30g
青じそ … 6枚

1 塩さばは魚焼きグリルで焼いて冷ます（**a**）。骨付きのものは骨をはずす。
2 ガリは刻んで酢飯に混ぜる。
3 ラップを広げ、さば1切れの皮目を下にして置き、青じそ3枚（**b**）、酢飯1/2量をのせる（**c**）。奥側のラップをかけてごはんを押さえ（**d**）、反対側と左右もぴったりと包み（**e**）、15分ほどおく（**f**）。
4 食べやすい大きさに切って器に盛り、好みで柚子こしょう（材料外）を添える。

a

b

c

d

e

f

すしおにぎり

軽いお昼ごはんや子どものおやつに、
酢飯で作るおにぎりはいかがでしょう。
にぎってあるだけで、
つい手が伸びてしまいます。

ツナきゅうりにぎり

ツナマヨときゅうり。
定番ですが、はずせない味。

材料（4個分）
酢飯 … 1合分
ツナ缶（油漬け）… 1缶（70g）
きゅうり … 1/4本
塩、こしょう … 各少々
マヨネーズ … 小さじ2
焼きのり（二つ切り）… 4枚

1 きゅうりは細切りにして塩をもみ込み、5分おいて水気を絞る。
2 ツナは缶汁をきってマヨネーズ、こしょうを混ぜる。
3 1/4量の酢飯にツナときゅうりを1/4量ずつのせて三角形ににぎり、のりを巻く。

とろたくにぎり

とろたくは好きな具のひとつ。
青じそとよく合います。

材料（4個分）
酢飯 … 1合分
まぐろのたたき … 60g
たくあん … 20g
青じそ … 4枚

1 たくあんは刻み、まぐろと混ぜる。
2 1/4量の酢飯に**1**を1/4量ずつのせて三角形ににぎり、青じそを巻く。

わかめとしらす、しば漬けにぎり

混ぜずしをおにぎりに。
しみじみおいしい組み合わせ。

材料（4個分）
酢飯 … 1合分
乾燥わかめ … 小さじ1
しば漬け … 20g
しらす干し … 大さじ2

1 乾燥わかめは水で戻して水気を絞り、細かく切る。しば漬けは刻む。
2 酢飯に**1**としらす干しを混ぜ、1/4量ずつ三角形ににぎる。

サーモンとセロリの手まりずし

酢飯を丸く形作って、サーモンをのせるだけで
こんなにチャーミングなおすしができました。
材料は少なく、手間がかからないのもうれしい。

材料（8個分）
酢飯 … 1合分
スモークサーモン … 8枚
セロリ … 1/4本（25g）
塩 … 少々

1 セロリはせん切りにして塩をもみ込み、5分おいて水気を絞る。スモークサーモンは長さを半分に切る。
2 酢飯を1/8量ずつ丸くにぎり、器に盛る。スモークサーモンを2枚ずつのせ（**a**）、セロリをのせる。

手まりずしは、ラップで包んで成形する作り方もありますが、
使わなくても、丸くきれいに形作れますし、このほうが簡単。
サーモンをごはんに沿わせるようにのせるのがポイントです。
スモークサーモンに味がしっかりついているので、
そのまま食べてちょうどよいおいしさ。

2

しらいのりこさんのおすし

noriko shirai

　ごはんを愛する私にとって、酢飯にはこだわりがあります。いちばんのポイントは、炊きたてのごはんで作ること。炊飯器の前でしゃもじを持って待つくらいの気持ちで、ピピーッと鳴った瞬間、ボウルに移す。そして塩と砂糖、酢を手早く混ぜて、軽くうちわであおげば完成です。すし桶は必要なし、あおぎながら混ぜるのも必要なし。むしろ混ぜすぎ、あおぎすぎは禁物です。白くてツヤッとした酢飯が好きなので、砂糖は白砂糖を使います。砂糖の保水効果で時間がたってもかたくならないので、しばらく常温においても大丈夫。昔の人にとってすしは保存食だったのも、そういった理由があります。

　のり巻きが好きでよく作りますが、巻くのが難しいという人も多いと思います。そこで、のりのサイズを半分にして巻きすを使わない方法や、具なしののり巻きを作って具は後からトッピングする方法、さらには巻かない手巻きずしなど、苦手な人でも作れるのり巻きをいろいろとご提案します。

　ふだんのごはんにはもちろん、人が集まるとき、持ち寄りやピクニックなどにも向いているおすし。酢飯さえあれば、市販の食材と組み合わせるだけで華やかな料理になりますので、ぜひ楽しんで作ってみてください。

王道でありながら
抜くところは抜く。
華やかさは忘れずに

私の好きな
白くてツヤのある王道の酢飯

材料は酢と砂糖と塩。材料も配合も定番です。
ところが、作り方はちょっと変わっています。
まずはすし酢の材料をあらかじめ混ぜない。
熱々のごはんにそれぞれを直接入れて、
手早く混ぜるだけ。
またあおぎすぎず、混ぜすぎない。
この方法だと驚くほどあっという間に作れます。

● 基本の酢飯の作り方

材料（1合分）

米 … 1合
塩 … 小さじ1/2
砂糖 … 大さじ1
米酢 … 大さじ2

1 通常の水分量でごはんを炊く。炊きたてのごはんをボウルに移し、砂糖と塩を加えて切るように軽く混ぜる。砂糖でごはんがコーティングされ、表面がしっとりツヤッとしてくる。

2 米酢を回しかける。しゃもじに沿わせるとまんべんなく広がる。

3 切るように混ぜる。混ぜすぎると粘りが出るので注意すること。

4 うちわで15秒ほどあおいで余分な水分を飛ばす。上下を返してさっと混ぜて再度あおぎ、これを2〜3回くり返す。ぬれぶきんをかけて、人肌まで冷ます。

混ぜながらあおぐとごはんの温度が急に下がり、
べちゃっとした仕上がりになるので、
混ぜるのとあおぐのは別々に。
◎2合分の酢飯を作る場合は、塩小さじ1、砂糖大さじ2、
米酢大さじ3で同様に作ってください。

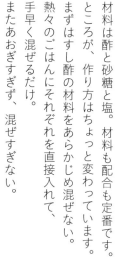

≪米について≫

酢飯に合う米はさっぱりしていて軽いタイプ。粘りがありもっちりしているより、粒立ちがよく軽やかな食感の品種のほうが、酢飯には合うと思います。また、新米は組織がまだやわらかく、ベチャッとした酢飯になりがち。収穫してから時間がたったお米のほうが、組織が安定していておいしくできます。「すし屋は古米を取りおきする」と言われることがあるほど。

≪酢について≫

普通のすし酢に使っているのは、京都・村山造酢の「千鳥酢」。さっぱりしていてくせがなく、おすしによく合います。そしてもうひとつご紹介したいのが、江戸前のすし屋でもよく使われている赤酢。赤酢とは酒粕から造った酒粕酢のことで、飴色で深いコクや甘みがあるので、すし酢にするときに砂糖は必要ありません。ミツカンの「三ツ判山吹」は、創業当時からある逸品で、このお酢造りからスタートしたのだそう。

≪のりについて≫

のりには裏表があり、つるつるしているほうが表(写真)、ざらっとしているほうが裏といわれます。のり巻きを作るときは、のりの裏側に酢飯を広げ、でき上がりが表になるように巻くほうが作りやすく、見た目もきれいです。サイズは縦が約21cm、横が約19cm。細巻きを作る際や、のりを二つ切りにする際は、縦の長い辺を半分に切って使います。

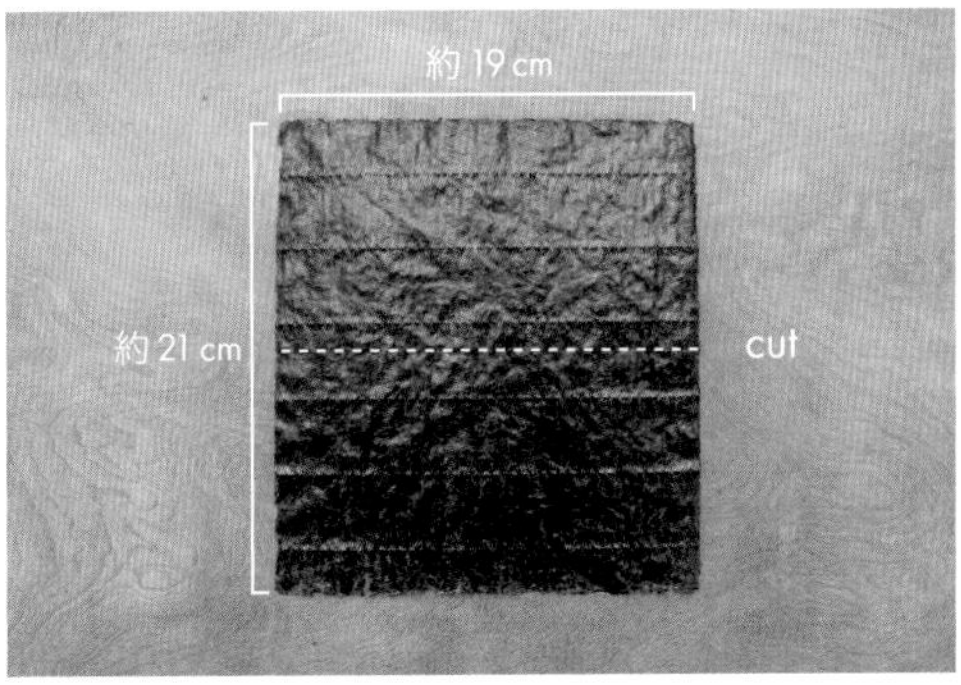

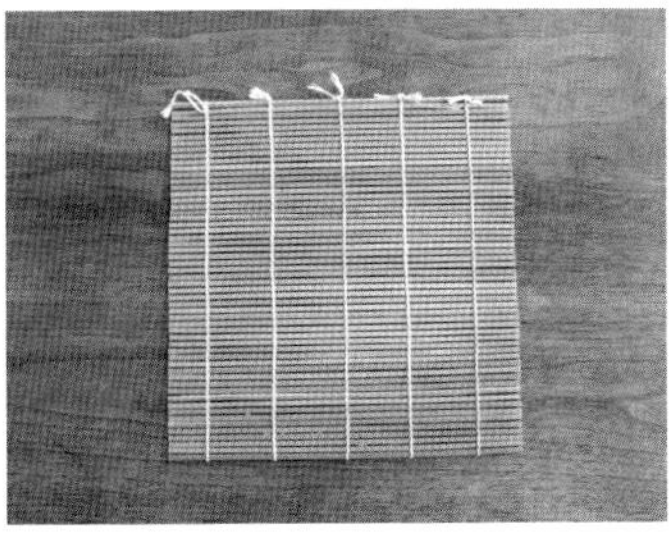

巻きすの使い方

巻きすは24・27・30cm四方が主流で、家庭では27cm四方のものが使いやすいです。巻きすにも裏表と上下があります。竹のつるつるした平らな面を上にして、結び目を奥にして置きます。手前の端に合わせてのりを置き、手前から巻きすごと持ち上げて、最初はきつめに巻き、手前ののりが一回転してごはんに着地したら、巻きすを巻き込まないようにして最後までくるくると巻いていきます。

1/2のり巻き

巻きすを使ってのり巻きを作るのは
ややコツがいりますが、
のりの長さを半分にしたら、
巻きすなしで簡単に巻くことができます。
特に、具が多い中巻きは巻きやすい。
さあ、気軽に巻いてみましょう。

まぐろ細巻き
作り方：42ページ

しめさば×ガリ細巻き
作り方：42ページ

焼き肉中巻き

作り方：43ページ

えび天中巻き

作り方：43ページ

まぐろ細巻き

まぐろ細巻きは、江戸前ずし風に赤酢の酢飯で作りたい。
まぐろは細切りにして、わさびじょうゆで
さっと和えておくのが、おいしさのポイント。

材料（12本分）
酢飯（赤酢酢飯＊を使用）… 1合分
焼きのり（四つ切り）… 12枚
まぐろ（切り落とし）… 180g
薄口しょうゆ … 大さじ1
わさび … 少々

＊ 赤酢酢飯は塩小さじ1/2、赤酢大さじ2を順番にごはんに混ぜたもの。
作り方は38ページの基本の酢飯を参照。

1 まぐろは細長く切る。ボウルに薄口しょうゆとわさびを混ぜ、まぐろを加えてさっと和える。

2 のりを横長に置き、のりの奥1cm、手前5mmほど残して酢飯1/12量（約30g）を広げる。まぐろ1/12量をのせて手前から巻き、3等分に切る。

しめさば×ガリ細巻き

棒ずしや押しずしによく使われるしめさばを
ガリと一緒に細巻きにしました。
しょうゆをつけずに、そのままでどうぞ。

材料（12本分）
酢飯 … 1合分
焼きのり（四つ切り）… 12枚
しめさば（市販）… 2枚（180g）
ガリ（新生姜の甘酢漬け）… 60g
青じそ … 2枚

1 しめさばは薄切りにする。ガリ、青じそはせん切りにする。

2 のりを横長に置き、のりの奥1cm、手前5mmほど残して酢飯1/12量を広げる。しめさば、ガリ、青じその各1/12量をのせて手前から巻き、3等分に切る。

焼き肉中巻き

1/2サイズののり巻きだから、こんなにたくさん具をのせても
意外と簡単に巻くことができます。

材料（3本分）
酢飯 … 1合分
焼きのり（二つ切り）… 3枚
牛こま切れ肉 … 100g
玉ねぎ（薄切り）… 30g
A | しょうゆ … 小さじ2
　| 砂糖、ごま油 … 各小さじ1
　| にんにく（すりおろす）… 少々
赤パプリカ（薄切り）… 1/8個
レタス … 3〜4枚

1 牛肉と玉ねぎは耐熱容器に入れ、A をもみ込む。電子レンジ（600W）で3分加熱し、ほぐして粗熱を取る。
2 のりを縦長に置き、のりの奥2cm、手前5mm ほど残して酢飯1/3量（約120g）を広げる。
3 中央にレタスをちぎってのせ、牛肉、パプリカの各1/3量をのせて手前から巻き、4等分に切る。

えび天中巻き

のり巻きのいいところは、市販のおそうざいがおいしく変身すること。
残ったおかずを組み合わせてみても。

材料（3本分）
酢飯 … 1合分
焼きのり（二つ切り）… 3枚
えびの天ぷら（市販品）… 3本
きんぴらごぼう（市販品）… 75g
しば漬け … 15g

1 のりを縦長に置き、のりの奥2cm、手前5mm ほど残して酢飯1/3量（約120g）を広げる。
2 中央にきんぴらごぼう、しば漬けの各1/3量、えびの天ぷら1本をのせる。手前を持ち上げ（**a**）、具を押さえながら（**b**）くるくると巻く。
3 まずは半分に切り（**c**）、さらに半分に切って4等分にする。

巻きずしをきれいに切るには

巻きずしを切ると、どうしても包丁にごはんがくっついてしまいます。その状態ではきれいに切れないので、切るたびにぬれぶきんで包丁を拭くとよいでしょう。端から切っていくのではなく、全体の長さを半分に切るのを繰り返すと均等に切れます。

カナッペずし

カラフルなトッピングが目を引く
カナッペ仕立てのおすし。
具なしののり巻きだから、巻くのも簡単。

材料（8切れ分）
酢飯 … 1合分
焼きのり（全形）… 1枚

［ツナマヨたくあん］
ツナ缶（油漬け）… 1/2缶（35g）
マヨネーズ … 大さじ1/2
たくあん（せん切り）… 10g

［しば漬けチーズ］
しば漬け … 10g
プロセスチーズ（さいの目切り）
…1個（16g）

［イクラ塩昆布］
イクラ … 30g
塩昆布 … 3 g

1 トッピングの材料はそれぞれ混ぜる。
2 巻きすにのりを縦長に置き、のりの奥4〜5cm、手前と両端を1cmほど残して酢飯を広げ（**a**）、手前から巻く（**b**）。
3 まずは半分に切り、8等分に切り分ける（**c**）。断面を上にして器に盛り、好きなトッピングをのせる（**d**）。

季節のちらしずし

酢飯の上に、旬の食材を飾って、
目でも舌でも季節を味わえるちらしずし。
春夏秋冬4つの味をご紹介します。

春

鯛×たけのこ

作り方：50ページ

夏

うなぎ×きゅうり

作り方：50ページ

秋

焼きさんま×きのこ

作り方：51ページ

冬

かに×酢ばす

作り方：51ページ

春のちらし
鯛×たけのこ

お花見の季節。桜の花の塩漬けも使って、全体的に淡いピンク色に仕上げました。
錦糸卵の黄色が加わるとぐっと華やかで上品に。
卵に片栗粉を加えると破れにくくなります。

材料（2人分）
酢飯…1合分
鯛（刺身）…8切れ
昆布（日高昆布を使用）…10cm
たけのこ（水煮）…50g
A｜だし汁…1カップ
　｜酒、みりん…各大さじ1
　｜薄口しょうゆ…小さじ1
　｜塩…小さじ1/2
卵…1個
B｜酒、砂糖…各大さじ1/2
　｜片栗粉…小さじ1
桜の花の塩漬け…9枚

1 鯛は片昆布じめにする。昆布は水を含ませたふきんでさっと拭く。ラップを広げて1/2量の鯛を並べ、塩少々（分量外）をふる。昆布をのせ、さらに塩少々（分量外）をふり、残りの鯛を並べる。ラップで包み、冷蔵庫で1時間ほどおく。
2 桜の花の塩漬けは水に浸して1時間〜半日ほどおき、塩を抜く。
3 たけのこは薄切りにする。鍋にAを入れて火にかけ、沸騰したらたけのこを入れて弱めの中火で2分ほど煮る。火を止めてそのまま冷ます。
4 錦糸卵を作る。ボウルにBを入れて混ぜ、続けて卵を割り入れて混ぜ、ざるで濾す。熱したフライパンに適量を流し入れて薄く広げ、両面をさっと焼く。取り出して冷まし、せん切りにする。
5 器に酢飯を盛り、錦糸卵をのせる。鯛の片昆布じめ、たけのこをのせ、桜の花を散らす。

鯛の片昆布じめのすすめ

昆布じめを短時間で、そして少ない昆布の量で作る、とっておきの方法。通常は鯛を昆布で挟みますが、昆布の両面に鯛の薄切りを並べて片面じめにします。薄切りなので1時間ほどで昆布のうまみが鯛にのります。

夏のちらし
うなぎ×きゅうり

夏バテのときに、元気がみなぎりそうな
力強さのあるうなぎのちらし。
きゅうり、新生姜、青じそで清涼感を。

材料（2人分）
酢飯…1合分
うなぎ（蒲焼き）…1串（100g）
きゅうり…1/2本（50g）
新生姜…20g
白炒りごま…大さじ1
青じそ…2枚

1 きゅうりは薄い輪切りにして、塩小さじ1/4（材料外）をまぶしてもみ、10分ほどおいて水気を絞る。新生姜はせん切りにし、水にさらす。
2 酢飯にきゅうり、新生姜、ごまを混ぜ合わせて器に盛る。うなぎを細長く切ってのせ、青じそを手でちぎって散らす。

秋のちらし
焼きさんま×きのこ

色合いは渋めですが、
さんまときのこのうまみに顔がほころびます。
秋に出回る紫の菊花は、あると季節感が出ます。

材料（2人分）
酢飯 … 1合分
さんま … 1尾
塩 … 小さじ1/2
A｜しょうゆ … 大さじ1/2
　｜みりん … 大さじ1/2
まいたけ … 1パック
しょうゆ … 大さじ1/2
生姜 … 1片
菊花（紫）… 4個
白炒りごま … 大さじ1
細ねぎ（小口切り）… 少々

1 さんまは塩をふって10分おき、出てきた水分を拭き取る。Aに10分ほど漬けたら、魚焼きグリルで8〜10分焼いて骨をはずし、身をほぐす。
2 まいたけはしょうゆをさっとふりかけ、魚焼きグリルで10分ほど焼く。
3 生姜は繊維に沿ってせん切りにし、水にさらす。菊花は花びらをはずし、湯に酢少々（材料外）を入れ、さっとゆでる。
4 酢飯に水気を拭いた生姜と菊花、ごまを混ぜ、さんま、まいたけを加えて混ぜ合わせる。器に盛り、細ねぎを散らす。

冬のちらし
かに×酢ばす

雪のように白いちらしずしに、
赤いイクラをトッピング。
お正月にも作りたい、紅白ちらしです。

材料（2人分）
酢飯 … 1合分
かに（ほぐし身）… 1ぱい分（150g）
れんこん … 50g
A｜酢、水 … 各大さじ3
　｜砂糖 … 大さじ2
　｜塩 … 少々
白炒りごま … 大さじ1
柚子の皮 … 適量
イクラ … 大さじ2

1 酢ばすを作る。れんこんは皮をむき、5mm厚さの輪切りにし、酢水（分量外）にさらす。鍋に水1カップを入れて火にかけ、沸騰したら酢少々（分量外）を入れ、れんこんを加えて1分ゆでて取り出す。鍋にAを入れて火にかけ、沸騰したられんこんを入れて2分ほど煮て、そのまま冷ます。
2 酢飯にごま、かにの身の半量を加えて混ぜ合わせ、器に盛る。残りのかに、酢ばすをのせ、柚子の皮をすりおろし、イクラをのせる。

炊き込みちらし

鶏肉と野菜の炊き込みごはんが
炊き上がったところに、酢を投入。
温かくてもおいしい、ほっとするちらしずしです。

材料（2人分）
米 … 1合
鶏もも肉 … 1/3枚（100g）
にんじん … 20g
ごぼう … 30g
油揚げ … 1/2枚
干ししいたけ … 2枚
錦糸卵（p.50参照）… 卵1個分
しょうゆ … 小さじ1
砂糖 … 大さじ1と1/2
塩 … 小さじ1/2
米酢 … 大さじ2

1 干ししいたけは1カップの水に1時間ほど浸して戻し、薄切りにする。戻し汁は取っておく。
2 油揚げは熱湯をかけて油抜きをし、5mm幅に切る。にんじんはせん切りにし、ごぼうはささがきにしてさっと水にさらす。鶏肉は小さめの一口大に切る。
3 米を洗って炊飯器の内釜に入れ、干ししいたけの戻し汁、しょうゆを加え、1合の目盛りまで水を加える。砂糖、塩を入れてひと混ぜし、鶏肉、にんじん、ごぼう、油揚げ、干ししいたけをのせて炊く。
4 炊き上がったら、米酢を回しかけて全体を混ぜる。器に盛り、錦糸卵をのせる。

変わりちらし

酢飯は意外と懐が深くて、
和の食材でなくても
やさしく包み込んでくれます。
ここでは、一風変わった
2種のちらしをご紹介。

柑橘ちらし

作り方：56ページ

中華風ちらし

作り方：56ページ

柑橘ちらし

グレープフルーツの酸味を加えることで、
すし酢とは違ったさっぱりした味わいに。
サラダのような、さわやかでやさしい一品。

材料（2人分）
炊きたてのごはん … 1合分
グレープフルーツ … 1個
砂糖 … 小さじ1
塩 … 小さじ1/2
米酢 … 大さじ1
ゆでえび … 8尾
生ハム … 2枚
枝豆（ゆでたもの）… 5さや
ディル … 適量

1 グレープフルーツは薄皮をむき、大さじ1の果汁を搾る。
2 ごはんに砂糖、塩を加えて混ぜ、米酢、グレープフルーツの果汁と果肉を加えて混ぜる（p.38の基本の酢飯の作り方を参照）。
3 器に**2**を盛り、枝豆をさやからはずして散らし、生ハムをちぎってのせる。えびは厚みを半分に切ってのせ、ディルを散らす。

フルーツの皮を器代わりにしても

グレープフルーツの皮からきれいに身を取り出せば、皮が器になり、こんな盛り付け方もできます。

中華風ちらし

ほたては中華風のたれに漬けておき、
酢飯にはザーサイを混ぜ込みます。
濃厚なうまみで満足感のある変化球。

材料（2人分）
酢飯 … 1合分
ほたて貝柱 … 8個
A しょうゆ … 大さじ1
　ごま油、米酢、砂糖 … 各小さじ1
　豆板醤《トウバンジャン》 … 小さじ1/2
　にんにく（すりおろす）… 少々
味付けザーサイ … 20g
生姜 … 1/2片
赤パプリカ … 1/6個（30g）
細ねぎ（小口切り）、香菜の葉 … 各適量

1 ほたては厚みを半分に切り、混ぜ合わせたAに1時間ほど漬ける。ザーサイ、生姜、パプリカはみじん切りにし、酢飯に混ぜる。
2 器に酢飯を盛り、ほたてをのせ、細ねぎと香菜の葉を散らす。ほたての漬け汁を大さじ1程度回しかける。

いなりちらし

いなりずしを作るのが大変だったり、
皮が破れてしまったりしたら、切って混ぜ込んで、ちらしにしましょう。
お弁当にするなら、しらすの代わりにじゃこをのせて。

材料（2人分）
酢飯 … 1合分
いなり揚げ（p.59参照）
… 2枚（油揚げ1枚分）
ガリ（新生姜の甘酢漬け）… 15g
白炒りごま … 大さじ1
しらす干し … 大さじ2（20g）

1 いなり揚げとガリは水気を軽くきり、細切りにする。
2 酢飯に**1**とごまを混ぜる。器に盛り、しらす干しをのせる。

2色いなり

紅生姜の赤、ナッツの茶色。
2色のいなりを盛り合わせました。
味のコントラストも楽しい。

紅生姜いなり

青森・津軽地方では、紅生姜を混ぜた赤いいなりが
昔から作られてきました。甘辛いいなり揚げとよく合います。

材料（10個分）
酢飯 … 1合分
いなり揚げ（袋状のもの）… 10枚
紅生姜（みじん切り）… 30g
白炒りごま … 小さじ2

酢飯に紅生姜とごまを混ぜる。いなり揚げに酢飯1/10量を詰め、口を閉じる。

● 自家製紅生姜
新生姜が出回る時期になると買いだめし、ジッパー付き保存袋で自家製の赤梅酢に漬けておきます。赤く染まったら食べごろ。てこねずしに混ぜてもおいしいです。

ナッツいなり

私の地元、新潟県にはくるみの甘煮を入れた太巻きがあります。
ここでは、手に入りやすいミックスナッツを甘く煮て入れました。

材料（10個分）
酢飯 … 1合分
いなり揚げ（袋状のもの）… 10枚
ミックスナッツ … 50g
A｜水 … 大さじ4
　｜砂糖 … 大さじ1
　｜しょうゆ、みりん … 各小さじ2

1 ミックスナッツは細かく切ってフライパンに入れ、Aを加えて火にかける。水気がなくなるまで煮る（**a**）。
2 酢飯にナッツを混ぜる。いなり揚げに酢飯1/10量を詰め、口を閉じる。

● レンチンいなり揚げの作り方

材料（作りやすい分量）
油揚げ（開きやすいもの）… 5枚
A｜水 … 1カップ
　｜しょうゆ … 大さじ4
　｜砂糖 … 大さじ4
　｜みりん … 大さじ4

1 油揚げは菜箸を転がして開きやすくし、長辺を半分に切って袋状に開く。熱湯をかけて油抜きをし、手で挟んで水気を絞る。
2 耐熱ボウルにAを入れてひと混ぜし、油揚げを入れ、油揚げの表面につくようにラップをかけ、電子レンジ（600W）で6分加熱する。いったん取り出して油揚げを返し、再び同様にラップをかけて3分加熱し、そのまま冷ます。

ローストビーフで裏巻きずし

a

b

c

d

e

f

裏巻きずしの手法を使った、
豪華なローストビーフの巻きずし。
ここぞというときのために、
知っておくとよいでしょう。

材料（2本分）
酢飯 … 1合分
焼きのり（全形）… 2枚
ローストビーフ（市販）
　… 10〜16枚（100g）
アボカド … 1個
貝割れ菜 … 1パック
A｜しょうゆ、みりん … 各大さじ1
　｜砂糖 … 小さじ1
　｜わさび … 少々
細ねぎ（小口切り）… 適量

1 アボカドは2cm幅のくし形切りにする。
2 巻きすにのりを縦長に置き、のりの奥2cm、手前と両端を5mmほど残して酢飯1/2量（約180g）を広げ、ラップをかぶせる（**a**）。
3 奥が手前になるように上下をひっくり返し、手前にアボカド、貝割れ菜の各1/2量を置き（**b**）、ラップを巻き込まないように手前から巻く（**c**）。巻き終わったらいったんラップからはずす（**d**）。ラップにローストビーフの1/2量を少しずらしながら並べ、巻いた酢飯を手前に置き（**e**）、同様に巻く（**f**）。
4 Aを耐熱容器に入れ（付属のたれを使ってもよい）、電子レンジ（600W）で1分加熱する。肉の表面に1/2量をぬり、食べやすく切って器に盛り、細ねぎをのせる。

折りたたみ手巻きずし

エスニック風おかずやハーブなどの葉野菜を
好きに組み合わせる“巻かない”手巻き。
丸めた少量のごはんをのりの上で軽くつぶし、
具をのせてからパタンと折りたたんでいただきます。
おつまみにも、ピクニックにも。

材料（約24個分）
酢飯 … 1合分
白炒りごま … 大さじ1
焼きのり（四つ切り）… 24枚
［好みのおかず］（下記参照）
スパイシー牛しぐれ煮、ミントつくね、小えびの天ぷら、エスニックなます、卵のタルタル … 各適量
クリームチーズ、ミント、サニーレタス、パクチー、細ねぎ、白炒りごまなど … 各適量

1 酢飯にごまを混ぜ、15gずつ丸める（約24個分）。
2 丸めた酢飯、のり、おかず、葉ものを器に盛る。のり1枚に酢飯1個をのせて箸で軽くつぶし、好みのおかずをのせて、のりを折りたたんで食べる。

● 手巻きずしのおかず

A スパイシー牛しぐれ煮

牛こま切れ肉100gは1cm幅に切る。鍋にしょうゆ、酒、みりん、砂糖各大さじ1/2、水大さじ3、にんにく（スライス）1/2片分、黒粒こしょう8〜10粒、チリパウダー、パプリカパウダー各小さじ1/4を入れて熱し、沸騰したら牛肉を入れて汁気がなくなるまで煮る。

B ミントつくね

ミントひとつかみはざく切りにする。豚ひき肉150g、塩、砂糖各小さじ1/4、こしょう少々、ミントをボウルに入れて粘りが出るまでよく混ぜ、9等分にして丸める。フライパンにオリーブ油大さじ1/2を熱し、転がしながら3分ほど焼く。

C 小えびの天ぷら

むきえび（小）6尾は片栗粉をふり、少量の水をふりかけてもみ、水で汚れを洗い流して水気を拭き取る。ボウルに天ぷら粉25gと水大さじ2を入れて混ぜ、えびを衣にくぐらせ、中温（170度）の揚げ油に入れてカラッとするまで揚げる。

D エスニックなます

大根100gとにんじん50gはせん切りにして塩小さじ1/3をまぶす。30分ほどおいてしんなりしたら水気をしっかり絞る。酢大さじ1、砂糖小さじ1、ナンプラー小さじ1/2、赤唐辛子（輪切り）少々をボウルに入れて混ぜ、大根とにんじんを加えて混ぜる。

E 卵のタルタル

ゆで卵1個、ガリ（新生姜の甘酢漬け）のみじん切り10g、マヨネーズ大さじ2、牛乳大さじ1、塩、こしょう各少々をボウルに入れ、ゆで卵を崩しながら混ぜる。

豪華渦巻きずし

のりを2枚、ごはんを1合使ったゴージャスな極太巻き。
作るのが大変そうに見えますが、買ってきた具を並べるだけで、
巻くのも実はそれほど難しくありません。唯一のコツは、思いきりやるだけ！

材料（1本分）

酢飯 … 1合分
焼きのり（全形）… 2枚
きゅうり（縦半分に切ったもの）
　… 1/2本
厚焼き卵（市販）… 80g
かに風味かまぼこ … 6本（60g）
鯛（刺身）… 6切れ（60g）
サーモン（刺身）… 6切れ（60g）
まぐろ（刺身）… 6切れ（60g）
とびっこ … 大さじ1
しょうゆ … 大さじ1

1 サーモンとまぐろはしょうゆをまぶす。厚焼き卵は20cm長さ、1.5cm角の棒状に切る。きゅうりは種をこそげ、塩少々（材料外）でもみ、10分ほどおいてしんなりしたら水で洗い、縦半分に切る。

2 巻きす2枚を用意し、奥側が上になるように3cmほど重ねる。のり1枚を縦長に置き、その奥に3cm重ねてのりをもう1枚置く。のりが重なっている部分に酢飯の1/3量を置き、手前と奥にも1/3量ずつ置く（**a**）。のりの手前1cm、奥4cmを残して酢飯を広げる（**b**）。

3 奥4cmにとびっこを広げ、手前に芯となるきゅうり、厚焼き卵、かにかまの各1/2量をのせ、その奥に刺身3種類の各1/2量をのせる。さらに同様の順番で残りの具をのせる（**c**）。

4 手前を持ち上げ（**d**）、一気に巻く（**e**）。1枚目の巻きすが巻き終わったらはずし（**f**）、2枚目の巻きすで巻く（**g**）。巻き終わったら輪ゴムで両端をとめ、落ち着くまで30分ほどおく（**h**）。巻きすをはずし、食べやすく切って器に盛る。

a

b

c
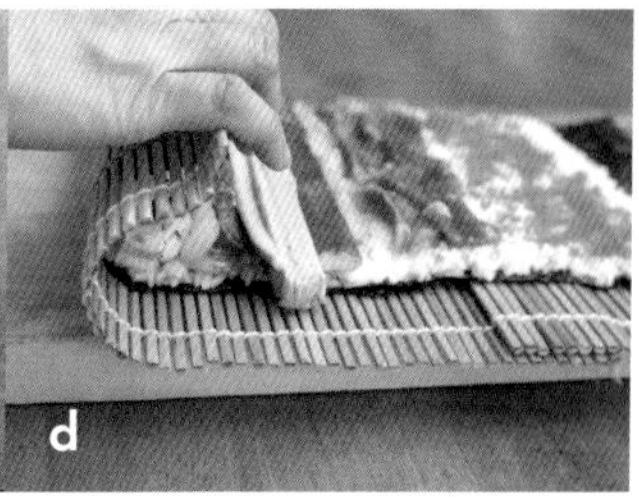
d

e

f
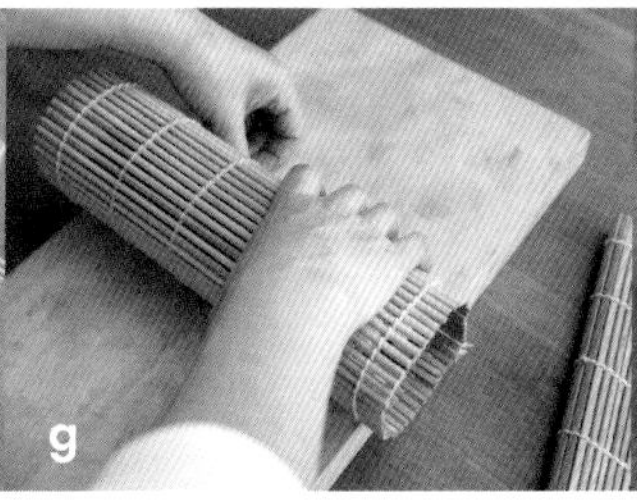
g

h

3

megumi fujii

藤井恵さんのおすし

料理研究家としてこれまで数えきれないほどのおすしを作ってきて、ついにたどり着いたのが、ここでご紹介する「炊き込み酢飯」です。浸水させた米に砂糖と塩と酢を入れて炊くだけ。炊き上がったら普通のごはんと同じように混ぜれば完成です。酢のツンとした酸味が飛んで和らぎ、うまみになるので、酢飯の酸味が苦手な人にはぴったり。酸味が控えめな分、砂糖の甘みも減らして味のバランスを取り、同様に塩も減らせるので、糖分や塩分カットにもなります。調味料が米にじんわり染みているから、かめばかむほど味が出て、普通の酢飯よりも粒が立ち、もちっとした仕上がりです。手軽なだけでなくおいしいので、最近では「炊き込み酢飯だからおすしを作ろう」っていう気持ちになっているほど。酢飯のハードルが下がると、おすしを作る頻度も増える気がします。

おすしは、それぞれの地域の食材や風土によって育まれていて地域性が強いので、各地の郷土ずしなどを食べるのも楽しみです。そして、おすしをつまみに日本酒を飲むのも大好き。この本では、地方で出合ったおすしや、おつまみにもなる軽めのおすしなど、私が家でよく作っている、とっておきのレシピをご紹介します。

お店のようなおすしも
炊き込み酢飯なら
気軽に作れます

私の好きな
炊飯器でできる炊き込み酢飯

炊き込み酢飯をおいしく作るコツは、
十分な浸水にあり。
少なくとも１時間以上は浸水させましょう。
また浸水時に酢を入れてしまうとかたくなるので、
調味料は炊く直前に入れること。
もちろん混ぜ合わせる必要はありません。
１合だとおこげができることもありますが、
それもまたおいしいです。

● 炊き込み酢飯

材料（1合分）

米 … 1合
昆布 … 3cm四方1枚
砂糖 … 大さじ1/2
塩 … 小さじ1/4
米酢 … 大さじ2

1 米は洗い、炊飯器の内釜に水200mℓ、昆布とともに入れ、1時間〜一晩浸水させる。浸水時間が短いとかたい炊き上がりになる。
2 砂糖、塩、米酢を**1**に入れる。すし酢の材料は混ぜ合わせず、それぞれを直接入れてよい。
3 箸で調味料を静かに混ぜ、昆布を上にのせ直して早炊きで炊飯する。
4 炊き上がったら2〜3分後に昆布を取り出し、混ぜる。具を混ぜ合わせるときも、内釜の中でOK。ボウルに移す手間いらず。

◎米２合で炊く場合は、昆布５cm四方１枚、砂糖大さじ1、塩小さじ1/2、米酢大さじ4、水400mℓで同様に作ってください。

いろいろな酢飯

右ページで紹介した基本のすし酢以外に、
料理によっていくつかのすし酢を使い分けています。

● じゃこ酢飯

じゃこの塩気があるので、塩は減らして同様に作る。根菜を炊き込んだばらずしや、いなりずしなど、魚介のうまみが欲しいときに。

米 … 1合　　塩 … 少々
昆布 … 3cm四方1枚　　米酢 … 大さじ2
砂糖 … 大さじ1/2　　ちりめんじゃこ … 20g

● 梅酢酢飯

赤梅酢は塩気が強いため、塩は不要。ほんのりピンク色に炊き上がる。梅酢の香りを生かしたいときや、ピンク色の酢飯にしたいときに。

米 … 1合　　砂糖 … 大さじ1/2
昆布 … 3cm四方1枚　　赤梅酢 … 大さじ2

《酢とのりについて》

京都・飯尾醸造の「富士酢プレミアム」はふくよかなうまみがあり、好んで使っています。のりは、広島に本店を構える三國屋の焼きのりがおすすめ。写真は中でも上質な「焼寿司海苔　超特撰 半切」。一度食べたら戻れない極上の味わいです。

《保存について》

この本では1合で食べきるレシピを紹介していますが、多めに炊いて余ったら冷凍もできます。その場合、炊きたてのうちに冷凍すること。おすしに使うのはもちろん、塩鮭やそぼろをのせてお弁当にも。

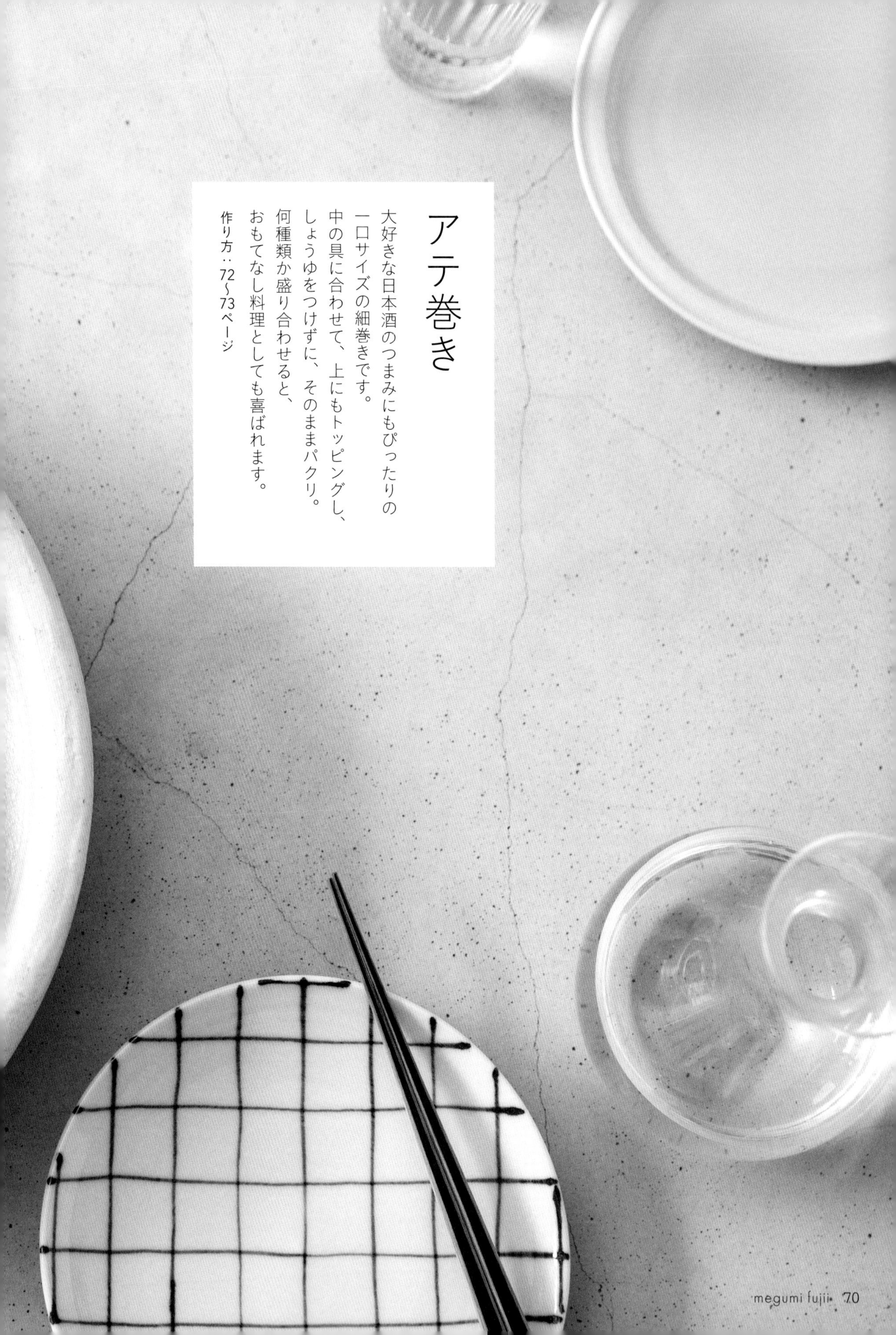

アテ巻き

大好きな日本酒のつまみにもぴったりの
一口サイズの細巻きです。
中の具に合わせて、上にもトッピングし、
しょうゆをつけずに、そのままパクリ。
何種類か盛り合わせると、
おもてなし料理としても喜ばれます。

作り方：72～73ページ

きゅうりわさび ×しば漬け

きゅうりはこの細さに切るのが
ベストなおいしさ。

材料（4本分）
酢飯 … 1合分
焼きのり（二つ切り）… 4枚
きゅうり … 80g
わさび … 小さじ2
しば漬け … 適量

1 きゅうりは縦半分に切って種をこそげ取り、5～6cm 長さ、3mm 角の細切りにする。
2 巻きすにのりを横長に置き、のりの奥1cm ほど残して酢飯70g（約1/4量）を広げる。
3 中央にわさびを一文字にぬり、きゅうり20gをのせる（**a**）。
4 具を手で押さえながら巻きすを持ち上げ（**b**）、のりが向こう側の酢飯につくまできつめに巻き（**c**）、巻きすを巻き込まないようにさらに巻き、巻き終わったら巻きすで押さえて形作る（**d**）。
5 4等分に切り、切り口を上にして皿に盛り、しば漬けをトッピングする。

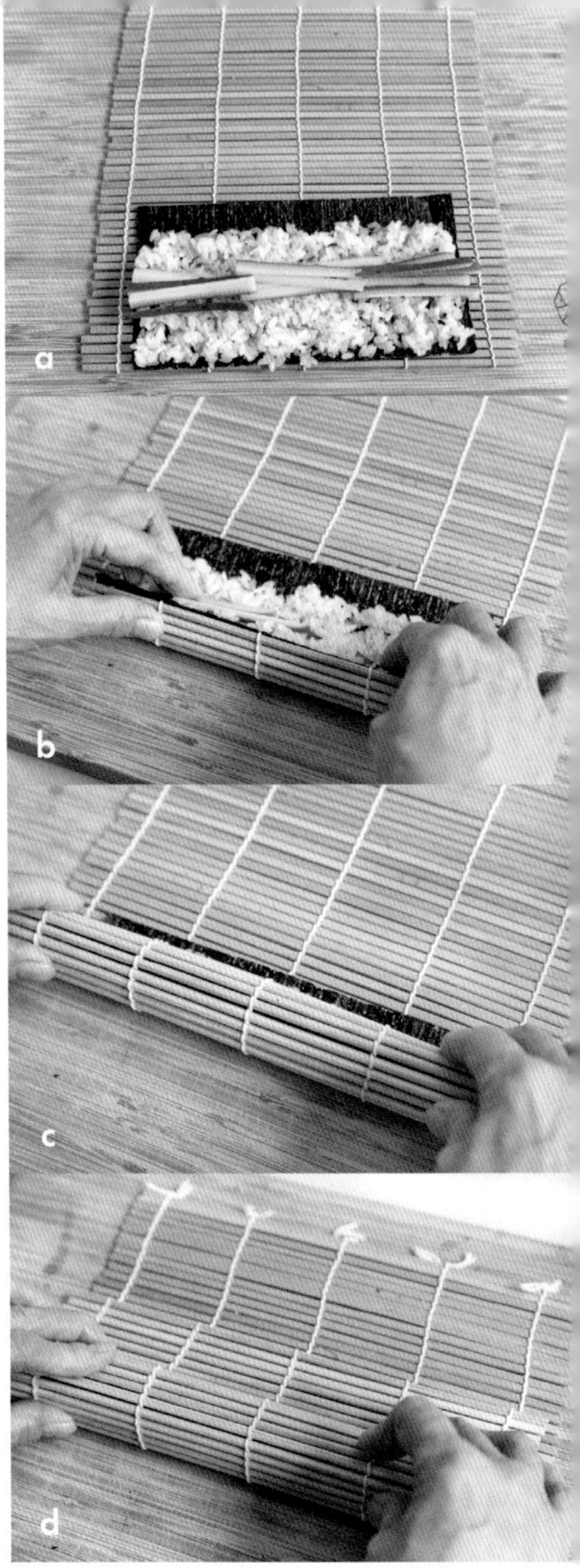

手酢について

手酢とは水と酢を1：1で混ぜ合わせたもの。ごはんをのりに広げるときに指先に軽くつけてから作業するとごはんが手にくっつきません。なるべく手早く広げるのが、上手に作るコツです。

梅しらす ×青じそ

梅干しとしらす。
塩気とうまみのある食材の組み合わせ。

材料（4本分）
酢飯 … 1合分
焼きのり（二つ切り）… 4枚
梅肉 … 小さじ4
釜揚げしらす … 80g
金炒りごま … 小さじ4
青じそ（細切り）… 適量

「きゅうりわさび×しば漬け」の**2**と同様にのりに酢飯70gを広げたら、中央に梅肉小さじ1を一文字にぬり、ごま小さじ1をふり、釜揚げしらす20gをのせる。その後も同様に巻いて切り、青じそをトッピングする。

まぐろ たくあん ×ごま

まぐろは細切りにして、
おなじみ、とろたくのイメージに。

材料（4本分）
酢飯 … 1合分
焼きのり（二つ切り）… 4枚
まぐろ（刺身用）… 60g
たくあん … 20g
細ねぎ … 4本
わさび … 小さじ2
金炒りごま … 適量

まぐろは7〜8mm角の棒状に切る。たくあんは細切りにする。細ねぎはのりの長さに合わせて切る。「きゅうりわさび×しば漬け」の**2**と同様にのりに酢飯70gを広げたら、中央にわさびを一文字にぬり、まぐろ15g、たくあん5g、細ねぎ2本をのせる。その後も同様に巻いて切り、ごまをトッピングする。

スモークサーモン ×イクラ

サーモンとイクラの親子巻きは、
紫玉ねぎがアクセント。

材料（4本分）
酢飯 … 1合分
焼きのり（二つ切り）… 4枚
スモークサーモン … 80g
紫玉ねぎ（みじん切り）… 大さじ2
イクラ … 適量

スモークサーモンは細切りにする。紫玉ねぎは水にさらして水気を絞る。「きゅうりわさび×しば漬け」の**2**と同様にのりに酢飯70gを広げたら、中央に紫玉ねぎ大さじ1/2、スモークサーモン20gをのせる。その後も同様に巻いて切り、イクラをトッピングする。

かんぴょう わさび ×ガリ

かんぴょうの甘煮は
手作りすると格別のおいしさ。

材料（4本分）
酢飯 … 1合分
焼きのり（二つ切り）… 4枚
かんぴょうの甘煮 … 80g
わさび … 小さじ2
ガリ（新生姜の甘酢漬け）… 適量

「きゅうりわさび×しば漬け」の**2**と同様にのりに酢飯70gを広げたら、中央にわさびを一文字にぬり、かんぴょうの甘煮20gをのせる。その後も同様に巻いて切り、ガリをトッピングする。

● かんぴょうの甘煮
かんぴょう（乾）10gは20cm長さに切ってさっと水で洗い、塩少々をふって、しっかりもみながらよく洗う。鍋にかんぴょうとだし汁1カップを入れて火にかけ、蓋をして弱火で20分煮る。砂糖大さじ1、しょうゆ小さじ2を加え、汁気がなくなるまで蓋をせずに煮詰める。

キンパ

25年以上前に韓国に初めて行って、
そこで食べたキンパの味が忘れられず、
よく作るようになりました。
ごま油はつけすぎると油っぽくなるので、
のりの片面だけにぬり広げます。
野菜たっぷりのさっぱりとした
2種をご紹介します。

ナムルと卵焼き、焼き肉のキンパ

作り方 76ページ

きゅうりとかにかま、
たくあんのキンパ

作り方：77ページ

ナムルと卵焼き、焼き肉のキンパ

焼き肉とナムルは定番の具。
肉と野菜がバランスよく入っているので、
お弁当にも向いています。

材料（2本分）
酢飯 … 1合分
焼きのり（全形）… 2枚
にんじん … 1/3本
ほうれん草 … 100g
卵 … 1個
牛薄切り肉 … 100g
A | しょうゆ … 小さじ1
　| 砂糖 … 小さじ1/2
　| にんにく（すりおろす）… 少々
油、塩 … 各適量
ごま油 … 小さじ1
金炒りごま … 少々

1 にんじんは細切りにし、ほうれん草は熱湯でゆでて水に取り、水気を絞る。卵は溶きほぐす。牛肉は細切りにし、A をもみ込む。
2 フライパンに油少々を熱し、にんじんを炒める。しんなりしたら塩少々をふって混ぜて取り出す。同じフライパンにほうれん草を入れて炒りつけて水分を飛ばし、塩少々をふって混ぜて取り出す。
3 フライパンに油少々を熱し、卵を入れて広げる。表面が固まってきたら上下を返し、さっと焼いて取り出す。冷めたら半分に切り、さらに1cm 幅に切る。
4 フライパンを熱して牛肉を入れて炒りつけ、火が通ったら取り出す。
5 巻きすにラップを広げ、のりを横長に置く。のりにごま油を刷毛や指先で薄くぬり、奥3cm ほど残して酢飯1/2量を広げる。手前からにんじん、ほうれん草、牛肉、卵焼きの各1/2量を一文字にのせ（**a**）、ラップを巻き込まないようにして巻く。
6 ラップを取り除き、1〜1.5cm 幅に切る。器に盛り、上面にごま油（分量外）を少しぬり、ごまをふる。

きゅうりとかにかま、たくあんのキンパ

たくあんはキンパにとって欠かせない存在。
シンプルだけれど、口の中にうまみが広がる
バランスのよい組み合わせです。

材料（2本分）
酢飯 … 1合分
焼きのり（全形）… 2枚
かに風味かまぼこ … 4本
きゅうり（縦四つ切り）
　… 2本（のりの長さに合わせる）
たくあん（7～8mm 角の棒状）
　… 10cm 長さ4本
ごま油 … 小さじ1

1 巻きすにラップを広げ、のりを横長に置く。のりにごま油を刷毛や指先で薄くぬり、奥3cm ほど残して酢飯1/2量を広げる。手前からたくあん、きゅうり、かにかまの各1/2量を一文字にのせ（**a**）、ラップを巻き込まないようにして巻く。
2 ラップを取り除き、1～1.5cm 幅に切って器に盛る。

棒ずし

ラップと巻きすがあれば
意外と簡単に作れる棒ずし。
生魚を使わないので、持ち寄りにも。

しめさばの棒ずし

作り方：80ページ

えびの棒ずし

作り方：81ページ

しめさばの棒ずし

薄いピンク色の梅酢酢飯に
ガリや青じそを混ぜ込んで香りよく。
巻きすで巻いたまま時間をおくと、
しっかり締まった棒ずしになります。

材料（1本分）
酢飯（梅酢酢飯を使用／p.69参照）
…1合分
しめさば（半身）…1枚
A｜金炒りごま…大さじ1
｜青じそ…10枚
ガリ（新生姜の甘酢漬け）…20g

1 青じそは粗みじん切りにし、ガリは細切りにする。酢飯にAを混ぜる。
2 巻きすにラップを広げ、手前にしめさばの皮目を下にしてのせ、ガリを均等に広げる。酢飯をひとまとめにしてのせ（**a**）、手前から巻く。
3 巻きすを巻いたまま輪ゴムで両端をとめ、1〜2時間おいて落ち着かせる（**b**）。ラップをはずして1.5〜2cm幅に切る。

a

b

えびの棒ずし

赤い色がきれいなゆでえびに、
炒り卵を混ぜ込んだ黄色いごはん。
見た目だけでなく、味わいもやさしい。

材料（1本分）
酢飯 … 1合分
えび（無頭殻付き）… 8尾
A | 水 … 1と1/2カップ
　| 酢 … 小さじ2
　| 砂糖、塩 … 各小さじ1/2
卵 … 1個
B | 砂糖 … 大さじ1/2
　| 酒 … 小さじ1
　| 塩 … 少々

1 えびは背ワタを除き、頭から尾に向かい腹側の薄い殻と身の間に竹串をさす。鍋にAを入れて火にかけ、煮立ったらえびを入れ、2分ほどゆでてざるに上げる。冷めたら竹串を抜いて殻をむき、腹に切り目を入れて開く。
2 フライパンに卵を割り入れ、Bを加えてしっかり溶きほぐし、火にかける。菜箸4本で混ぜながら炒り卵を作り、酢飯に混ぜる（a）。
3 巻きすにラップを広げ、えびの向きが交互になるように並べて敷き詰める。酢飯をひとまとめにしてのせて巻く。
4 巻きすを巻いたまま輪ゴムで両端をとめ、1〜2時間おいて落ち着かせる。ラップをはずして1.5〜2cm幅に切る。

a

香りいなり

香りのよい食材を
酢飯に混ぜ込んだ大人のいなり。
いなり揚げは甘さ控えめにして
上品な味に仕上げました。

柚子いなり

柚子は皮だけを使い
香りを閉じ込めます。

材料（6個分）
酢飯 … 1合分
柚子の皮（みじん切り）… 1/4個分
いなり揚げ（袋状のもの）… 6枚

酢飯に柚子の皮を混ぜる。いなり揚げに酢飯50gを詰め、口を閉じる。

奈良漬けいなり

独特な濃厚さがある奈良漬けは、
酢飯に混ぜるとほどよく香ります。

材料（6個分）
酢飯 … 1合分
奈良漬け（みじん切り）… 30g
いなり揚げ（袋状のもの）… 6枚

酢飯に奈良漬けを混ぜる。いなり揚げに酢飯50gを詰め、口を閉じる。

実山椒いなり

口の中でプチッとはじける
実山椒の香りがたまりません。

材料（6個分）
酢飯（梅酢酢飯を使用／p.69参照）
…1合分
実山椒（塩漬け、佃煮など）… 小さじ1
いなり揚げ（袋状のもの）… 6枚

酢飯に実山椒を混ぜる。いなり揚げに酢飯50gを詰め、口を閉じる。

● いなり揚げの作り方

材料（作りやすい分量）
油揚げ … 3枚
だし汁 … 200mℓ
砂糖、しょうゆ … 各小さじ2

1 油揚げは長辺を半分に切って袋状に開く。
2 たっぷりの熱湯に油揚げを入れ、上下を返しながらゆでて油を抜く。
3 フライパンに**2**を並べ、だし汁を入れて火にかけて5分煮る。砂糖を加えて5分煮て、しょうゆを加えて落とし蓋をし（**a**）、汁気がなくなるまで弱火で煮る。
4 ざるに上げて自然に汁気をきる。酢飯を詰めるときに汁気を絞らないこと。

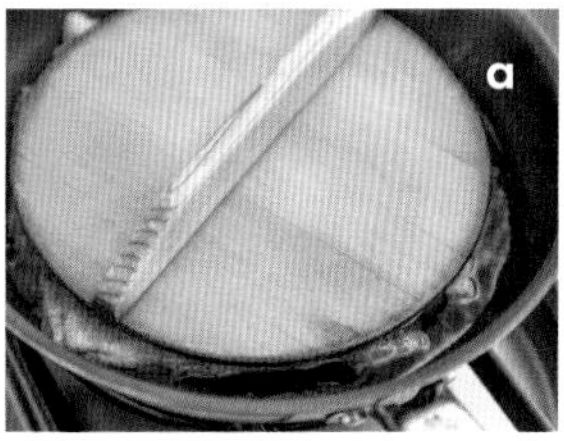
a

細巻きいなり

揚げと酢飯の分量はいなりずしと同じなのに、
細巻きにすると、おつまみ感覚で軽さが出ます。

材料（6本分）

酢飯（じゃこ酢飯を使用／p.69参照）
…1合分

金炒りごま … 大さじ1

いなり揚げ*… 6枚

* レシピは p.83参照。工程**1**で油揚げ3枚は3辺に切り込みを入れて開き、半分に切ってから同様に煮る。

1 酢飯にごまを混ぜる。巻きすにいなり揚げを横長に置き、手前に酢飯50gを一文字にのせて（**a**）巻く。

2 巻き終わりを下にして、なじむまで少しおく。半分に切って器に盛り、好みで紅生姜やわさび（ともに材料外）をのせる。

a

鮭ときゅうり、枝豆の混ぜずし

いつでも手に入る食材で作れる気軽な混ぜずし。
枝豆は旬の時季以外は冷凍のもので作れます。

材料（2人分）
酢飯 … 1合分
鮭フレーク（市販）… 60g
きゅうり … 1/2本
みょうが … 1個
ゆで枝豆（さやから出す）… 1/4カップ
塩 … 小さじ1/6
金炒りごま … 大さじ1/2
青じそ（粗みじん切り）… 5枚

1 きゅうりは薄い輪切りにしてボウルに入れ、塩をまぶす。しんなりしたら水気を絞る。みょうがは薄い輪切りにして水にさらし、水気をきる。トッピング用に少量取り分ける。
2 酢飯に**1**、鮭フレーク、枝豆、ごまを混ぜる。
3 器に盛り、青じそ、みょうがを散らす。

ちらしずし

おすしの中でも、バリエーションが広げられるちらしずし。定番もの、変わり種など、作りやすい3種をご紹介します。

ばらちらし
作り方：88ページ

ステーキちらし

作り方：88ページ

ばらちらし

じゃこ酢飯で作るから、混ぜ込む具は野菜だけでも
しっかりうまみを感じられます。

材料（2人分）
酢飯（じゃこ酢飯を使用／p.69参照）
　…1合分
れんこん…3cm（40g）
ごぼう…10cm（30g）
にんじん…1/5本（30g）
干ししいたけ…2枚
だし汁…1/2カップ
A｜しょうゆ…大さじ1/2
　｜みりん…小さじ1
　｜砂糖…小さじ1/2
卵…1個
塩…少々
絹さや（さっとゆでて斜め細切り）
　…6枚

1 れんこんは薄いいちょう切り、ごぼうはささがき、にんじんは短冊切りにし、干ししいたけはひたひたの水で戻し、軸を取って薄切りにする。
2 鍋に**1**、だし汁を入れて火にかけ、煮立ったらAを加え、煮汁がなくなるまで煮る。
3 フライパンに卵を割り入れ、塩を加えてしっかり溶きほぐし、火にかける。菜箸4本で混ぜながら炒り卵を作る。
4 酢飯に**2**を入れて混ぜる。器に盛り、炒り卵を散らし、絹さやをのせる。

ステーキちらし

和風に味付けしたステーキを、香りのよいクレソンとともに
ダイナミックに盛り付けました。

材料（2人分）
酢飯（梅酢酢飯を使用／p.69参照）
　…1合分
牛ももステーキ用肉…1枚（100g）
塩、こしょう…各少々
A｜しょうゆ…大さじ1/2
　｜砂糖…小さじ1/2
　｜わさび…小さじ1
クレソン…30g
オリーブ油…小さじ1

1 牛肉に塩、こしょうをふる。Aは混ぜ合わせる。フライパンにオリーブ油を熱し、牛肉を入れて強火で30秒、弱火で20秒焼いたらひっくり返し、同様に焼く。熱いうちにAを絡めてアルミホイルをかぶせて10分ほどおく。
2 クレソンは葉を摘み、茎は小口切りにする。酢飯にクレソンの茎を加えて混ぜる。牛肉は細切りにし、フライパンに残ったたれを絡める。酢飯を器に盛り、牛肉をのせ、クレソンの葉を添える。

海鮮ちらし

酢飯にのりを混ぜ込むと
香りよく、刺身にもよく合います。

材料（2人分）
酢飯 … 1合分
焼きのり（二つ切り）… 1枚
刺身の盛り合わせ … 150g
A　しょうゆ … 小さじ2
　　みりん*、水 … 各小さじ1
　　わさび … 小さじ1/2〜1
きゅうり（斜め薄切り）… 6枚
青じそ … 4枚
* みりんのアルコールが気になる場合は、煮切る。

1　Aを混ぜ合わせ、刺身を漬けて10分ほどおく。のりはちぎってポリ袋に入れ、手で細かくほぐしてもみのりにする。
2　酢飯にのりを混ぜて器に盛る。青じそ、きゅうりをのせ、刺身の汁気をきって盛る。

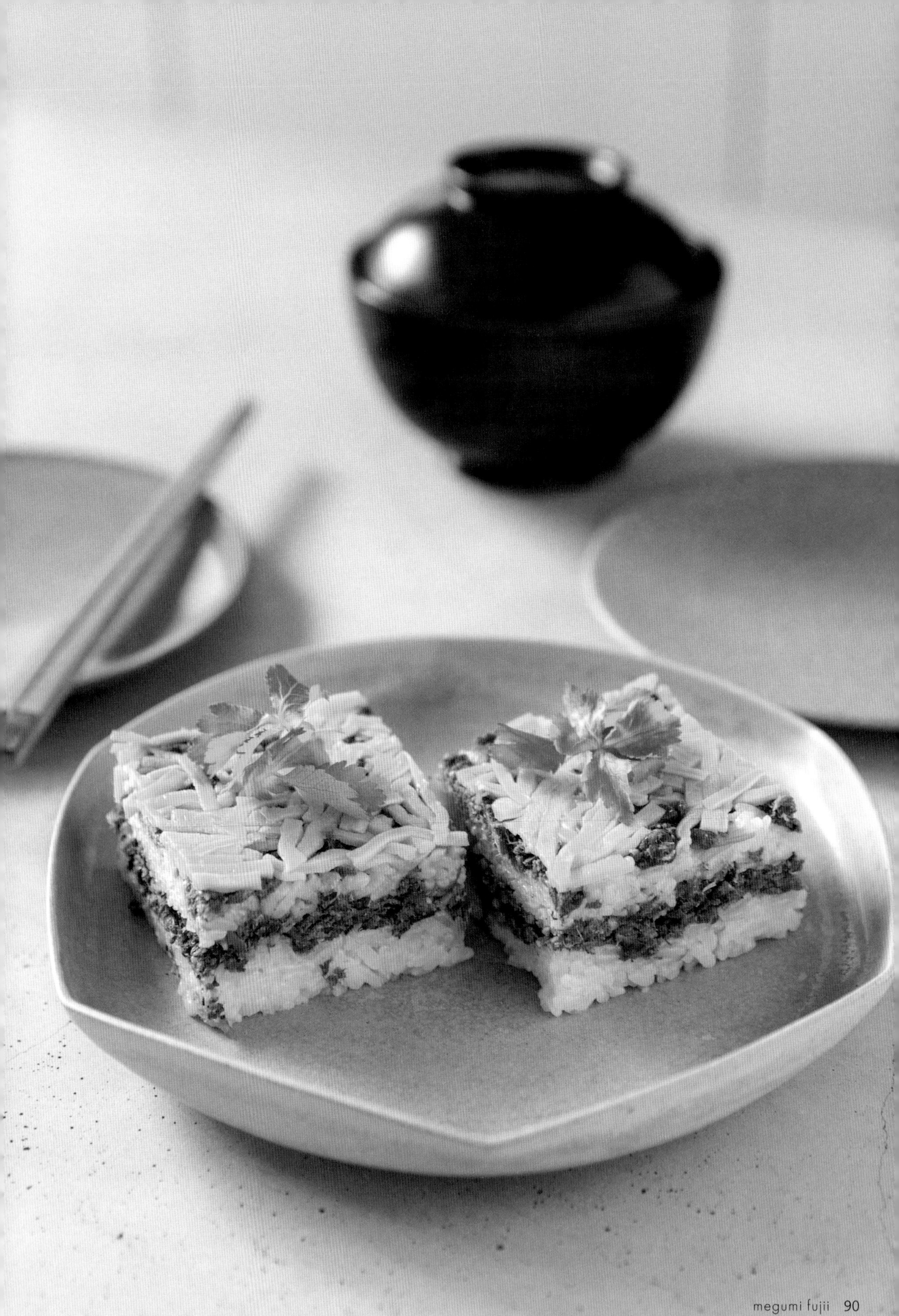

さばそぼろの押しずし

長崎県の大村市に伝わる
「大村寿司」風の押しずし。
押し型があると、いろいろな押しずしが
簡単に作れて楽しいです。

材料（内径6×24×高さ4cmの
押しずし型1台分）

酢飯…1合分
さば缶（みそ煮）…1缶（190g）
A｜生姜（すりおろす）…1片
　｜ごぼう（すりおろす）…10cm
卵…1個
B｜砂糖…小さじ1
　｜塩…少々
　｜片栗粉…小さじ1/2
　｜水（またはだし汁）…大さじ1/2
油…少々
三つ葉…30g

1 押しずしの型は水に浸しておく。鍋にさばを缶汁ごと入れてしっかりほぐし、Aを加えて混ぜて火にかける。ときどき混ぜながら、汁気がなくなり、そぼろ状になるまで炒り煮にする。
2 ボウルにBを入れて混ぜ、卵を割り入れて溶き混ぜる。フライパンに油を薄くぬって熱し、卵を入れて広げ、弱火で加熱する。表面に火が通ったら上下を返して裏面もさっと焼き、取り出して冷ます。3cm長さの細切りにする。
3 三つ葉は小さな葉を10枚くらい残し、さっとゆでて2cm長さに切る。
4 押しずし型の水気をきり、酢飯1/2量を広げ、さばそぼろ1/2量（**a**）、ゆでた三つ葉1/2量を広げる。残りの酢飯（**b**）、さばそぼろ、三つ葉、卵をのせ（**c**）、蓋をして押す（**d**）。重石をし、30分ほどおく。
5 型のガイドに沿って切り（**e**）、型をはずす（**f**）。器に盛り、三つ葉の葉をのせる。

a

b

c

d

e

f

蒸しずし

蒸し器でほかほかに仕上げる
温かいおすし。酢飯がふっくらして、
しみじみおいしい。

焼き穴子とでんぶ、
錦糸卵の蒸しずし

作り方：94ページ

銀だら西京漬けの蒸しずし

作り方：94ページ

焼き穴子とでんぶ、錦糸卵の蒸しずし

長崎の「吉宗《よっそう》」の蒸寿司をイメージして作りました。
この3色の取り合わせと盛り方は
変わらない老舗のスタイルです。

材料（2人分）
酢飯（梅酢酢飯を使用／p.69参照）
…1合分
焼き穴子（たれ）…1尾
酒…小さじ1
桜でんぶ…大さじ2
卵…1個
A｜砂糖… 小さじ1
｜塩…少々
｜片栗粉…小さじ1/2
｜水（またはだし汁）…大さじ1/2
油…少々

1 ボウルにAを入れて混ぜ、卵を割り入れて溶き混ぜる。フライパンに油を薄くぬって熱し、卵を入れて広げ、弱火で加熱する。表面に火が通ったら上下を返して裏面もさっと焼き、取り出して冷ます。3cm長さの細切りにする。
2 穴子は粗みじん切りにして酒をまぶす。
3 耐熱の器に酢飯を盛り、穴子、でんぶ、**1**の錦糸卵をのせ、蒸気の上がった蒸し器に入れて中火で10分蒸す。

銀だら西京漬けの蒸しずし

銀だらは焼き目がつくまで焼いてから、
酢飯にのせて蒸し上げます。
材料も工程もシンプルなのに料亭のような上品な味わい。

材料（2人分）
酢飯…1合分
銀だら西京漬け（市販）…2切れ
わさび…少々
すだち…1個

1 銀だらは2〜3等分に切り、熱した魚焼きグリルに入れて5〜6分、薄く焼き色がつくまで焼く。
2 耐熱の器に酢飯を盛って**1**をのせ、蒸気の上がった蒸し器に入れて中火で10分蒸す。
3 わさびを添え、すだちを半分に切って添え、搾って食べる。

この本に登場する料理研究家の方々

本書では、家で気軽に作れるおすしを3人の方にご提案いただきました。
「気軽さ」といっても、それぞれの方によって捉え方はさまざま。
簡単さとおいしさを兼ね備えた渾身のレシピをぜひ作ってみてください。

榎本美沙（えのもと・みさ）

料理家、発酵マイスター。発酵食品や旬の野菜を使ったシンプルなレシピを提案。オンライン教室「榎本美沙の料理教室」を主宰。YouTube チャンネル「榎本美沙の季節料理」も大人気。そのほか、書籍や雑誌などで幅広く活躍している。

しらいのりこ

お米料理研究家。新潟県出身。米農家出身の夫、シライジュンイチとともに、ごはん好きの炊飯系フードユニット「ごはん同盟」を結成。ごはん料理やごはんに合うおかずを提案している。雑誌や書籍、SNS等でレシピを提案するなど、幅広く情報発信中。

藤井恵（ふじい・めぐみ）

料理研究家、管理栄養士。大学在学中からテレビの料理番組のアシスタントを務める。身近な材料を使い、家で簡単においしく作れる料理に定評がある。現在は東京と長野の二拠点生活を楽しむ。雑誌や書籍などで活躍し、著書多数。

デザイン　福間優子
撮　　影　新居明子
スタイリング　駒井京子
校　　正　安久都淳子
DTP 制作　天龍社
編　　集　広谷綾子
撮影協力　UTUWA

1合からすぐに作れる
軽やかなおすし

2024年 7月20日　第1刷発行
2024年11月14日　第3刷発行

発行者　木下春雄
発行所　一般社団法人 家の光協会
〒162-8448
東京都新宿区市谷船河原町11
電話　03-3266-9029（販売）
03-3266-9028（編集）
振替　00150-1-4724
印刷・製本　株式会社東京印書館

ISBN978-4-259-56808-5 C0077